401

(401)

# CATALOGUE

# DESSINS ANCIENS

## DES ÉCOLES

ITALIENNES, FLAMANDES, FRANÇAISES
ET AUTRES

Collection de M. Victor GUIGOU

ANCIENNE COLLECTION

Maximin **MAUREL**, DE MARSEILLE

DONT LA VENTE AURA LIEU

## HOTEL DES COMMISSAIRES-PRISEURS

RUE DROUOT, 9, SALLE N° 4

AU PREMIER ÉTAGE

### Le Lundi 12 Novembre 1877

A UNE HEURE PRÉCISE

Mᵉ **MAURICE DELESTRE**, Commissaire-Priseur,
successeur de M. DELBERGUE-CORMONT,
rue Drouot, 27,
Assisté de **M. VIGNÈRES**, Marchand d'Estampes,
rue de la Monnaie, 21 (ancien 13), à l'entre-sol,
CHEZ LEQUEL SE DISTRIBUE LE CATALOGUE.

PARIS — 1877

(401°)

# CATALOGUE

# DESSINS ANCIENS

## DES ÉCOLES

### ITALIENNES, FLAMANDES, FRANÇAISES ET AUTRES

Collection de M. Victor GUIGOU

ANCIENNE COLLECTION

## MAXIMIN MAUREL, DE MARSEILLE

DONT LA VENTE AURA LIEU

## HOTEL DES COMMISSAIRES-PRISEURS

RUE DROUOT, 9, SALLE N° 4

AU PREMIER ÉTAGE

### Le Lundi 12 Novembre 1877

A UNE HEURE PRÉCISE

M° **MAURICE DELESTRE**, Commissaire-Priseur,
successeur de M. DELBERGUE-CORMONT,
rue Drouot, 27,

Assisté de **M. VIGNÈRES**, Marchand d'Estampes,
rue de la Monnaie, 21 (ancien 13), à l'entre-sol,

CHEZ LEQUEL SE DISTRIBUE LE CATALOGUE.

PARIS — 1877

# CONDITIONS DE LA VENTE

L'ordre du Catalogue sera suivi.

Les attributions de l'Amateur ont été conservées.

Au comptant.

Cinq pour cent en plus des enchères, applicables aux frais.

---

**M. VIGNÈRES, chargé de la vente, remplira les Commissions.**

Nota. Toute commission sans prix fixé ou sans limite déter-
minée sera regardée comme nulle.

M. Vignères se charge de faire marquer les prix aux Catalogues des ventes qu'il a faites. Les personnes qui le désirent
peuvent s'adresser à lui *franco*.

Plusieurs Amateurs éloignés en ont reconnu l'utilité pour
les guider dans leurs achats sur les valeurs des Estampes.

Les Catalogues des Ventes à faire seront envoyés aux
personnes qui en feront la demande *affranchie*.

Avis. — Nous prions MM. les Amateurs éloignés de ne pas
attendre au dernier jour, pour que les lettres arrivent le matin
de la vente.

---

**Choix de Catalogues avec prix marqués.**

---

M. VIGNÈRES se charge des Commissions dans les Ventes de Livres
et Estampes autres que les siennes.

465 catalogues aff. à 5.ᶜ          23 25                2 277 50

67 x f.ˡˡᵉˢ montées à 25          16 75

140 1 1/2..          à 15          21

6 Mains chemises à 1/50          9

Transport à l'hotel          3

Honoraires 10%          227 75     300 75

Affiches et afficheur                    40 45

Insertion au Moniteur des Ventes          13 20

Déclaration de Vente                     2 20

Timbre du procès verbal                  3 60

Enregistrement                          60 75

Versement en Bourse commune             72

Honoraires de Mᵉ Delestre               72

Clerc et Crieur                         12

Location de la salle nᵒ4.               40 20

Catalogue 500 impression               120

Commissionnaire                          5

Pour supplément de travail              10
                                       ______
                                       752 15

Déduire les 5% des acquereurs     113 90    638 25
                                          __________
                                          1 639 25

26 Nov. 1877. Envoyé Reçu nᵒ 22 383 à

la Société Générale sur agence de Marseille 1639ᵗ

Dosch 1

Michel 5. Dosch 1
Terminé

Michel 1

Michel 4 Dosch 1.50.

Michel 4 Dosch 1 Gigou 3

# CATALOGUE

# DESSINS ANCIENS

1 ANONYME. Paysage avec petit pont de pierres,     *1*
à la pierre d'Italie sur papier bleu.

2 —Architecture. Jésus guérissant au milieu d'une     *6 . 50*
riche décoration de colonnes. — Sala magnifica,
décoration théâtrale, plume, bistre et encre de
Chine. 2 p.

3 — Loth et ses filles sortant de Sodome, au bis-     *12*
tre, rehaussé de blanc. — Autre composition
lavée de sanguine et de bistre rehaussé de
blanc. 2 dessins.

4 — Les filles de Cecrops découvrant la corbeille,     *4 . 50*
au bistre rehaussé de blanc. In-fol.

5 —Jugement de Pâris, aquarelle.— Composition     *11*
différente, croquis à la plume, lavé. 2 dessins.

6 — Portrait d'un seigneur, à la plume, très-fin     *4 . 50  Vuy*
et très-terminé.

7 — Saint George, à l'encre de chine, rehaussé de     *1 . 50*
blanc.

8 — Monstre avec un corps de lion à trois têtes, de     *7 . 50*
lion, de bouc, de dragon. Très-beau dessin au
bistre.

9 — Moïse. — Adoration des bergers. — Le Calvaire. — Jugement dernier. — L'Enfer. 5 dessins à la plume avec un très-grand nombre de figures.

10 — Saint agenouillé, Luther, etc. 4 dessins.

11 — Cerf. — Paysan ramenant ses moutons, groupes de figures. 2 aquarelles.

12 — Arrestation de Jésus dans le jardin des Oliviers. Aquarelle très-vigoureuse.

13 — Ruines et vues, lavis d'encre et de bistre, 3 dessins.

14 — Paysages, aquarelles et gouaches. 4 dessins.

15 A. de C. Surmonté d'une couronne de comte. Porte en ruine aquarelle.

16 ALBANE. Diane et trois nymphes surprises au bain par Acteon. In-fol., au bistre.

17 BACCICCIO. Couronnement de la Vierge. Plume, lavé et rehaussé de blanc. — Martyr jugé. Grande composition, croquis à la plume. 2 p.

18 BERGHEM. Compositions de bestiaux et bergers. A l'encre et au bistre. 2 p.

19 BISCAINO. Sainte-Famille. A l'encre de Chine, rehaussé de blanc, de la collection *J. Dupan*. — Un ange en l'air. Croquis à la plume, de *P.-S. Bartoli*. 2 p.

20 BOL (Hans). L'ange disparaissant devant la famille de Tobie. Paysage d'une grande étendue. Beau dessin à la plume, petit in-fol., signé du monogramme de lettres entrelassées.

Dergleichen 50  Dersch 250

Dersch 2,

Dersch 1.

Dersch 2.

Dersch 1.

Dersch. 2 50

Dersch 1

Hedou 3

Desch. 1 50    Vittert 10

Barar 15    Desch 1    Willert 10

Wittert 10

Michel 3    Gregory 10

Michel 3
Desch. 1

Desch 2

Hillemach 20
Desch 1.50

Hillemacher 15

21 BOURDON (Séb.). Le Travail? des femmes cousent, d'autres lavent. In-fol., en bistre.   *1*

22 BRENET 1786. Un martyr. In-fol., à l'huile, esquisse sur papier. Signé.   *5, 50*

23 BREUGHEL. Voyageurs de condition à la plume et encre de chine. — Paysans en voyage. A la plume, relevé de couleur. 2 dessins.   *9*   *Vig*

24 — Paysage d'une grande étendue, château, rivière, seigneur à cheval, etc. A la plume, très-fin, in-fol.   *10, 50*   *Vig*

25 — Paysages sauvages, montagneux. A la plume. 2 dessins.   *10, 50*

26 BROUWER. Paysan assis sur un escabeau. Crayon noir sur papier bleu.   *4*   *Vig*

*croquis*   27 — Trois fumeurs et buveurs. Crayon noir.   *1, 50*

28 C.-V.-B. 1576 (Monogramme). Couronnement d'épines. A la plume, lavé de bistre, rehaussé de blanc.   *1, 50*

29 CALIARI (P.). Reine, dans un désert, près d'un crucifix. Exquisse au bistre.   *1*

30 CAMBIASE. Arrestation de Jésus. Plume, lavé d'encre.   *o*

31 CARRACHE. Le Christ mort, soutenu par la Vierge. Composition de cinq figures à la plume, lavé. 2 dessins.   *2*   *Vig*

32 CARRACHE (L.). Paysage. A la plume.   *10*   *Vig*

33 CASTELLI (Valerio). Joseph et la femme de Putiphar. Croquis à la plume. — Mercure. A la plume, lavé de bistre. 2 dessins.   *2*

34 CHAUVEAU (D'ap.). L'École des femmes. In-4, à la plume.   *5*   *Vig*

*

2 . 50    **35** CICERI. Paysage. — Vue de Londres. **2** aquarelles.

5    **36** CLAUDE LORRAIN. Paysage rond. A l'encre de Chine. Vue d'une grande étendue.

1    **37** CLOVIO (Julio). Saint Georges. **A** la pierre d'Italie, avec la gravure de *C. Cort.* **2** p.

2    **38** COLLAERT. Marche d'armée et bataille au fond. Au bistre.

1 . 50    **39** — Indigènes faisant la chasse aux monstres, crocodiles, serpent de mer. 2 dessins à l'encre.

1    **40** COMASCO (Isidore). Dieu entouré d'anges. Plume lavé de bistre, rehaussé de blanc, voûte. — Le pendant, par *Mulinari*, fac-simile d'un dessin de la galerie de Florence. 2 p.

1 . 5o    **41** CORTONNE (P. de). Naissance de la Vierge. In-fol., pierre d'Italie. Composition pour un tableau d'autel.

1 . 5o    **42** — Continence de Scipion. Crayon lavé, rehaussé de blanc.

3    **43** DARET. Instruction en la Sainte-Famille. Plafond à la congrégation des PP. de l'Oratoire, à Aix. Crayon lavé.

6    **44** DAVID. Paysage en Italie. Exquisse à la plume, in-fol.

1 0 1    **45** DEMOUSTIER. Duc de Lorraine. Presque grandeur naturelle, aux trois crayons.

2    **46** DIETRICH. Saint Jean prêchant. A l'encre de Chine, rehaussé de blanc.

1 1    **47** DOMINIQUIN. Amour voltigeant. Crayon lavé de sanguine, rehaussé de blanc. — Martyre de sainte Agnès. A la plume, lavé de bistre. 2 p.

Desch 2

Desch. 1

Desch 1

Desch 1

Desch 1.

Gigory 50   A·G· 100   Michel 17.

Desch 1.

Gigory 10   Desch 2

Dersch. 2

Berard 22   Dersch 20   (Wittert 30)   Grossmann 25   Nivon 20
                         Copien

Michel 4.  Dersch. 1

Berard 11

Berard 10   Dersch 1.   Wittert 10

            Dersch 1   Wittert 20

Berard 7   Dersch 1

48 DUJARDIN (K.). Paysage rond. In-4. Berger ramenant ses bestiaux vers la montagne où se trouve le village, le fond d'une grande étendue. Crayon lavé d'encre, signé *K. D., f.*

49 DURER (Albert). Vierge et Jésus sur un croissant. — Saint Joachim et l'ange. — Offrande au temple. — La porte d'Or. — Naissance de la Vierge. — La jeune Vierge présentée au temple. — Mariage de la Vierge. — Visitation. — Naissance dans la Crèche. — Circoncision. — Mort de la Vierge. 11 p. A la plume, légèrement lavés, ont été gravés sur bois.

50 ERMELS (I.-F.). Paysage. A l'encre de Chine.

51 ESPERLIN (Joseph). 1757. Sainte Madeleine dans le désert, presque nue, elle médite près d'une lampe. Crayon noir. In-fol.

52 FANZANO. Assomption de la Vierge. Croquis à la plume, lavé.

53 FLAMEN (Albert). Village près de l'eau. Joli dessin à l'encre de Chine. Signé.

54 G.-H.-F. (Monogramme). Adoration des Mages. Riche composition au bistre. In-fol.

55 GLOCKENTON (Albert). Saint Christophe portant Jésus. — Sainte Marguerite tenant le diable par une chaîne. — Saint Georges monté sur le Dragon. Gouache rehaussée d'or. Signé du monogramme.

56 GOYEN (J.-V.). Canal gelé en Hollande. Avec figures sur la glace, relevé de couleur.

3.50    **57 GREUZE.** Deux têtes et des jambes de petit enfant. Sanguine très-fine.

10    **58 GUERCHIN.** Sainte-Famille dans un paysage sauvage. A la plume, bistre. Grand in-fol.

2.50    **59** — Vénus et Adonis partant pour la chasse. Au bistre.

6    **60 GUIDE.** Figure académique, le Désespoir. — Croquis d'une Sybille. 2 dessins sanguine avec croquis à la plume au revers.

1.50    **61** — Jésus chassant les vendeurs. — Moïse frappant le rocher. A l'encre au revers du précédent, au bistre.

11.50    **62 H.-V.-C. 1518. (Monogramme).** La Pandore. A la plume, rehaussé de blanc sur papier brun, joli dessin, grand in-8.

0    **63 HEUS (Guillaume de).** Vieille tour en ruine. Plume et encre de Chine.

11    **64 HUET (J.-B.). 1786.** Deux canards morts, et étude de tête. Belle aquarelle. Signée.

8    **65 ISABEY (Eugène).** Petite marine. Aquarelle.

1    **66 JIOVANNI de S. Jiovanni.** Reine assise sur un tombeau entouré de diverses personnes. Sanguine.

3    **67 KONING. 1665.** Intérieur de forêt. A la plume.

5    **68 LA FAYE.** Descente d'Énée aux enfers. Grande composition, à la plume, avec la gravure un peu plus petite. Grand in-fol. 2 p.

2    **69 LA HYRE.** Sainte-Famille, saint Jean présentant un oiseau à Jésus. Plume et bistre.

8.50    **70 LANFRANCO (Giovanni).** Apôtre debout. Sanguine. Collection *sir Joshua Reynolds*.

Desch 1,

Desch 1.

Gigour 5

Desch 1

Gigour 5  Desch 1.

Desch 1. 50  Michel 14.  Berard 10

Desch 1.  Michel 7

Duragion 15

Hedou 3.  Desch 1.  Berard 6

Berard 12   Michel 8   Desch 1   Dieuglion 10

Berar 10   Deschi 1

Gigou 25

Desch 1   Gigou 5

Descha 1   Villiat 10

Desch 1

Berard 7   Descha 1

Desch 1

Desch 1

71 — Abraham prêt à sacrifier son fils. — Deux apôtres. 2 dessins au crayon noir. — Jésus portant sa croix. A l'encre de Chine. 3 p.

72 LE MOINE. Vénus et les amours. Sanguine, petit in-fol. Jolie composition.

73 LEONI (Ottavio). Portrait d'homme. Pierre d'Italie sur papier brun.

74 LEPAUTRE. Prédicateur en chaire avec une nombreuse assemblée. Petit in-fol., au bistre.

75 — Vase orné de quatre enfants. Sanguine.

76 LE SUEUR. Deux enfants dans les airs. Pierre d'Italie sur papier brun.

77 LIVENS (I.). Portrait d'homme. Crayon noir, beau dessin. In-4. Signé I.-L.

78 LOYS (E.). Tête de femme. Crayons rouge et noir. Signé *E. Loys del.*

79 MANDER (K. van). Deux saints et des enfants soutenant un écusson. In-4. A l'encre de Chine.

80 MARATTE (C.). Sainte-Famille soutenue par des anges dans les nuages. Bistre rehaussé de blanc.

81 MASUCCI (Agostino). Deux mains. Études aux trois crayons sur papier gris bleu.

82 MATHISON (Jan). Petit paysage avec chaumière, moulin, etc. A la plume, très-fin.

83 MEULEN (V. der.). Scènes d'un camp, la cantine, au fond le siége. Sanguine et bistre, pour éventail.

84 MICHEL-ANGE. Le corps d'Adonis. Au bistre.

85 MIERIS (J. Van). Les Trois-Grâces. A l'encre de Chine, très-terminé, d'ap. l'eau forte de Carrache.

86 MOINE (Antonin). Étude de femme. Croquis, pastel et lavis de bistre de la vente *Roqueplan*.

87 MOUCHERON. Paysage montagneux avec pont de bois, chûte d'eau, clocher au fond, *vue proche de Grenoble*. Grand in-fol. en 2 morceaux joints, plume, lavé de bistre.

88 C.-V.-N. *Inv*. Chaumières et bestiaux. In-fol. Crayon noir.

89 NETCHER. 1640. Dame de condition et son chien. Croquis sanguine. Signé.

90 NYTS (Eg.). Cavaliers, voyageurs, etc., près de grandes tours. A la plume sur vélin. Signé E.-N.-F. 2 dessins.

91 OVERBEECH. L'Ange apparaissant aux bergers. Beau dessin, pierre d'Italie. rehaussé de blanc. In-fol. très-fin.

92 PALMERIUS (P.). Deux hommes au milieu d'un paysage avec rivière. Supérieurement exécuté à la plume, imitant parfaitement la gravure. Petit in-fol. Signé et daté, 1774.

93 PARMESAN. Fuite en Égypte. Bistre rehaussé de blanc. — Décapitation d'un saint. Plume, lavé. — La Charité. Sanguine. 3 dessins.

94 PARROCEL. Intérieur d'un camp. Plume, lavé à l'encre de Chine.

95 PERUGIN. Dieu soutenant le corps du Christ, dans une gloire d'ange. Plume, relevé de couleur. In-8.

Dersch. 2   Michel 9

Chaleyev— 15   Dersch 2,

Dersch 1


Dersch 2   Berar 7

Dersch 9

gegou 30

Berar 11

Dersch 2

Dersch 1

Barær 11

Hillemann 15

Desch 1

Gigon 30

Desch. 1    Hedon 3

Desch. 1    Gigon 6
            Desch 1

Gigon 12

Desch. 2

Desch 1

96 POLIDORE. Soldats romains arrêtant un homme. 3 . 50
Belle composition, bistre rehaussé de blanc.

97 — Portion d'un bas-relief. Beau dessin au 2
bistre.

98 — Bas-reliefs. Habitants emportant leurs ba- 5
gages. 2 dessins à la plume en forme de frise.

99 PORDENONE. Ecce homo. Petit in-fol. Plume 8
bistre, rehaussé de blanc.

100 POST (N.). 1736. Sujet romain, des prisonniers 3
qui vont être décapités. A l'encre de Chine,
très-fini. Signé.

101 POTTER (Paul). Bœuf couché, Chien, Études de 27
chiens, divers Croquis sur papier de Chine.
4 petits dessins crayon.

102 POUSSIN. Satyre versant à une bacchante, En- 3 . 50
fants, esquisse in-4. A l'encre de Chine.

103 — Testament d'Eudamidas. A la plume, lavé. 2

104 — Apollon et Daphné, composition de cinq 9
figures, in-fol. A l'encre de Chine.

105 — Paysage avec chutes d'eau. Ocre rouge re- 13
haussé de blanc.

106 PRIAL. Femme assise dans la campagne, avec 2
son enfant dormant sur ses genoux. Bistre et
encre de Chine, effet de soleil.

107 QUELLINUS (Erasmus) *inv. et fec. 1660.* Jésus 14
prêchant. Luc XIX. Beau dessin à l'encre de
Chine. (Signé.)

108 RAPHAEL (Attribué à). Entrée dans le temple. 8 . 50
Bistre rouge rehaussé de blanc.

2    109 RAPHAEL (D'après). Adam et Ève chassés. — Moyse recevant les tables de la loi. 2 dessins bistre sur papier bleu et une réduction de l'Adam et Ève pour graveur. 3 p.

4    110 — Elymas frappé d'aveuglement. — Guerrier foulant aux pieds de son cheval son ennemi. Croquis sanguine.—Diverses figures à la plume. 3 dessins.

11    111 REMBRANDT. Pauvre à genoux. — Femme portant son enfant. — Femme passant l'eau. 3 petits dessins à l'encre de Chine.

5    112 — Le Joueur de vielle à la porte d'une maison. Composition de douze figures, in-fol. Au bistre.

2,50    113 — (École de). Joseph embrassant son père. Petit in-fol. En bistre.

50    114 ROMAIN (Jules). Adoration des bergers. Beau dessin au bistre in-fol.

3    115 — Le Déluge. Lavis sur papier bleu.— Possédé délivré du démon. Plume, lavé de bistre. 2 dessins.

1    116 ROOS (H.). Études de moutons. Pierre d'Italie.

1    117 ROSA (Salvator). *Ecce Homo*. Petit dessin bistre.

38    118 RUYSDAEL. Village au bord de l'eau. A l'encre de Chine. (Signé.)

8    119 — Grands arbres près d'une rivière qui fuit dans le lointain. Crayon lavé, in-fol. (Signé.)

7    120 SALIMBENI (Ventura). Empereur déposant sur l'autel en présence du Pape. Voûte au bistre. Coll. J. Dupan.

2    121 SARTE (André del). Femme tenant son enfant. Croquis. Pierre d'Italie.

Desch 1.50

Hedon 10   Desch 3.

Kavou 10

Gigou 40   Desch 1.

Desch. 1.50

Gigou 25   Desch 2.

Gigou 6   Desch 2

Desch 1.

Dasch    1

Dasch  1.30.   Gegen 30   Groschen 12

Dasch   1   Gegen   5

Boron   8

Dasch   1   Wittib   10

Dasch   1

Dasch   1

Dasch   1

Dasch   1

122 SCHIAVONE (A.). Jésus discutant dans le temple.    4 . 5o
Ocre rouge, plume et encre, rehaussé de blanc.
Au revers, quatre compositions : Flagellation,
*Ecce Homo* et Martyres de Saints. In-4.

123 SCHIDONE. Naissance de Jésus dans l'étable. Au    3
bistre rehaussé de blanc. In-fol.

124 SOLE (S. Giuseppe dal). La Victoire et Minerve.    3
Croquis à la plume, lavé.

125 STEEN (Jean). Danse d'un paysan devant l'au-    3 /
berge. Riche composition de vingt figures.
Aquarelle in-fol.

126 — Intérieur de cabaret avec sept figures. A    2 4
l'encre de Chine.

127 SWANEVELDT. Paysages. A la plume, bistre    8 . 5o Vig
lavé d'encre. 2 dessins.

128 TENIERS. Tentation de saint Antoine. A l'encre    4o
de Chine. In-4.

129 TERBURG. Seigneur en berger et sa famille.    2
Au bistre. In-4.

130 TITIEN. Noë, Moyse et autre ; fragment d'une    3 . 5o
grande composition. Plume et encre de Chine.

131 — Tableau d'autel : Vierge et Jésus entourés    6
d'anges ; en bas, deux Saints. Plume et bistre.

132 UDEN (Van). Chaumières. A la plume, sur pa-    1
pier bleu.

133 ULFT (Van der). Bout de jetée, Maison, Moulin    1
et Barque, Marine. A l'encre de Chine.

134 VAEL. La Bataille des joueurs au cabaret.    6
Composition de dix-sept figures. Au bistre.
In-4.

**135** VASARI. Présentation de la jeune Vierge au temple, composition d'un grand nombre de figures. A l'encre de Chine.

**136** — La Religion à mi-corps, sous le costume du Pape. In-4. A l'encre de Chine, rehaussé de blanc.

**137** — Jésus et la Femme adultère. Au bistre.

**138** VELDE (Guil. Van de). Marines. Pierre d'Italie et lavis d'encre de Chine. 3 dessins.

**139** — Flottille, Escadre, Vaisseau. 3 dessins à l'encre de Chine.

**140** — Belle Marine avec escadre, canot arrivant. Beau dessin à l'encre de Chine. (Signé *W. V. V. J.*).

**141** VERNET (J.). Chariot que l'on charge sur la rive. A la plume.

**142** VERONESE (D'ap.). Moitié du tableau des Noces de Cana. Plume. Aquarelle.

**143** VINCBOONS. Paysage d'une grande étendue avec une haute montagne couverte d'habitations. A la plume, lavé à l'encre de Chine.

**144** VINCI (Léonard de). Tête de moine. (Signée *Crozat,* au revers). — Tête de vieille en colère. 2 très-beaux dessins sanguine, têtes grotesques.

**145** VIRY (Gaspard) à Moustiers-(Provence). L'Aurore semant des fleurs. A la plume, dessin poncif pour décorer les faïences.

**146** VLIEGER. Buste d'homme assis. A l'encre de Chine.

**147** WATTEAU (Genre). Quatre jeunes Femmes et un jeune Garçon dans un parc. Sanguine.

Desch 1    Berard 20
  si brau einen
    horn alot

Berard 8 ...
Gegen 10    Desch 1.50

gegen 10    Desch. 2.

Hdou. 5.    Gegen 8,    Desch 2,    Berard 18

Desch 1,

Berard 18

Grojen 8.50    Desch 1.50    Berard 18

Hillemaiur 10

Desch 1

Disch 3 Gigon 20

Disch 1 Gigon 10

Disch 2

Disch 1
Disch 1

Disch 1

Berard 15 Disch 1 Gigon 20

Disch 1

Disch 1

Disch 1

Disch 1

Disch 1

Berard 5 Disch 1

**148** WOUVERMANS. Paysan. Mine de plomb. — 28
Homme conduisant deux chiens. Sanguine. —
Cheval sellé. A l'encre de Chine. — Marine,
Chevaux à l'abreuvoir. 4 dessins.

**149** — Chariot. A l'encre de Chine. — Cavalier se 10 . 50
faisant dire la bonne aventure. Au pinceau,
bistre, a été piqué pour poncif, collé en plein.
2 dessins.

**150** — Halte de cavaliers en route. 2 dessins à la 16
pierre d'Italie.

**151** — Chasse au faucon. A l'encre de Chine. 21

**152** — Cavaliers et armée en marche. Beau dessin 16
à l'encre de Chine. Petit in-fol.

**153** — Le Maréchal-Ferrant. A l'encre de Chine. 3
Petit in-fol.

**154** — Départ du château pour la chasse au faucon. 47
Beau dessin à l'encre de Chine. In-fol.

**155** — Le Boute-Selle. A l'encre de Chine. Petit in- 5
fol.

**156** — Halte à la cantine. A l'encre de Chine. Petit 5
in-fol.

**157** ZUCCHERO (Thadée). Sainte que l'on va déca- 5
piter. Beau dessin au bistre.

**158** — Dieu le Père et Jésus-Christ couronnant la 2 . 50
Vierge. Au bistre.

**159** ÉCOLE ITALIENNE. Vierge et Jésus, couronnés 1 . 50
par deux anges. Au bistre.

**160** — Couronnement de la Vierge. Composition 8
avec un grand nombre de figures pour un plafond. In-fol. Au bistre.

4 . 50   161 ÉCOLE ITALIENNE. La Sainte-Trinité. Petit in-4. Joli dessin au bistre, probablement coupé, devait être plus grand.

Vig   1   162 — Le Temps et une Femme soutenant un médaillon avec portrait. Croquis à la plume.

6   163 — Saint Paul prêchant à Athènes. In-fol. Crayon rehaussé de blanc.

3   164 — Portion de la Composition d'Attila. In-fol. Sanguine.

2 . 50   165 — La Vierge, deux anges la couronnent. Plume bistre relevée de couleur, pour un vitrail, en 3 morceaux.

13   166 — Onze Hommes cloués à des arbres. In-fol. En bistre.

2 . 50   167 — Des Anges soutiennent un tableau que des saints désignent. Bistre rehaussé de blanc. In-fol.

8   168 — La Vierge au rosaire, sujet de plafond avec beaucoup d'anges; adorés par Pape, Rois, Doge, etc. Grand in-fol. Au bistre.

Vig   16   169 — Deux très-petites Têtes, par un grand maître, d'une grande finesse. 2 dessins charmants.

19   170 — Saintes-Familles, Vierge et Jésus adorés par des saints. 5 dessins à la plume.

3 . 50   171 — Abraham et les trois anges, Offrande au temple et autres sujets religieux. 5 dessins à la plume.

10   172 — Mariage de sainte Catherine. — Sainte-Famille. 2 dessins sanguine.

13   173 — Assomption de la Vierge. Au bistre.

Desch 1

Desch 1

Desch 1

Desch 1

Desch 1

Desch 1

pigeon 5    Desch 1    Berard 10

Desch. 3.50

Desch 3

Desch 1

Desch 1

Desch 1

Desch 2

Desch 1

Desch 1
Desch 1   Gegen 5

Desch 1

Desch 1 50

Desch 1.   Gegen 10

Desch 1

Desch 1

174 — Jésus-Christ couronnant la Vierge, voûte. Au bistre.    2

175 — Mariage de la Vierge. — Résurrection de Lazare. Lavis rehaussé de blanc. — Sainte femme. Pierre d'Italie. 3 dessins.    2.50

176 — Présentation au temple. Beau dessin au bistre.    7

177 — Assemblée des dignitaires de l'Église. Au bistre.    8

178 — Moine ayant la vision de la Vierge qui lui donne le rosaire. Aux trois crayons.    3.50

179 — Saint Jean-Baptiste. Pierre d'Italie.    10

180 — Moïse sauvé des eaux. Au bistre, rehaussé de blanc.    3

181 — Saint, angle de voûte et autre. 2 sanguines.    1.50

182 — Femme presque nue debout. A la plume.    3

183 — Vieillard, Enfant et deux autres figures. Beau dessin à la plume.    9

184 — Sujets de Cavaliers. 2 dessins à la plume, lavés.    2

185 — Portion d'une Composition : le Frappement du rocher. — Réunion dans le temple. — *Ecce Homo*. 3 dessins. Bistre.    12

186 — Cinq figures, Fragment d'une assemblée comme l'école d'Athènes. Beau dessin au bistre.    5

187 — Assomption de la Vierge. In-fol. A la plume, lavé de bistre.    4

188 — La Sainte-Famille dans la crèche, et des Sonneurs de trompette, pour plafond. Lavé d'encre et de bistre.    4

3 . 5o     **189** — Neptune sur son char. — Bacchant et Enfant sur une chèvre. A la plume.

6 . 5o     **190** — Trois Frises d'Ornements ornés de figures. — Figures pour détails d'ornementation. — Vase et demi-écusson. 3 dessins à la plume et lavis.

Vig.   4     **191** ÉCOLE FLAMANDE. Le Calvaire avec les trois croix, on présente l'éponge à Jésus-Christ. Plume, lavé d'encre de Chine, rehaussé de couleur, exécuté pour un vitrail. In-fol.

4 . 5o     **192** — Jeune Paysan courant. A l'encre de Chine. Joli petit dessin très-fin.

1 4     **193** — Triomphe d'un empereur romain, on porte la tête et les armes du vaincu. Sanguine lavée. Grand in-fol.

6     **194** — Sujet religieux : Jésus-Christ apparaît à un vieillard prisonnier et lui donne la Communion, deux prisonniers sont épouvantés. Beau dessin à l'encre de Chine, formé de plusieurs morceaux de papier. In-fol.

1 0     **195** — Miracle de la multiplication des pains. A la plume. Bistre. In-fol.

Vig.   1 4     **196** — L'Ange disant à Tobie de prendre le poisson. Beau dessin in-fol. au bistre.

1 6     **197** — Pan et Syrinx. 2 compositions différentes. Grand in-fol. en bistre. Très-terminés.

5 . 5o     **198** — Vue d'un village, avec pont, rivière, etc. In-fol. en bistre.

1 . 5o     **199** — Bergers conduisant leurs troupeaux. A l'encre de Chine.

6 . 5o     **200** — Paysage : Homme conduisant deux chevaux. Crayon lavé d'encre.

Dasch 1

Willert 10   Dasch 1,

Gigon 3.

Dasch 1.

Gigon 20

Villert 10   Gigon 30

Dasch 1.

Desch. 2

Desch 1.50 Gigou 6

Desch. 1

Desch 1,50

Berard 10 Desch. 1

Desch 1

Laurençot 10 Gigou 5

Desch. 1

201 — Paysage. — Bateau déchargeant du bois.  *4*
2 dessins à la plume.

202 — Jeune seigneur donnant la main à une  *5 . 50*
femme. Petite gouache. — Chèvre, Bœuf, Cheval, etc. A la plume, lavis, bistre. 6 dessins.

203 — Vues et Paysages. 5 dessins à la plume, encre  *5*  *Vig*
et bistre.

204 — Fontaine monumentale; au fond, ruine d'un  *2*
temple. A la plume, relevé de couleur.

205 — Enlèvement de Ganimède. A la plume, bistre.  *1 . 50*
Paysage de grande étendue.

206 — Vue de villages en Hollande. 2 superbes des-  *6*
sins à l'encre de Chine.

207 — Saint Jean prêchant. Plume, lavé de bistre.  *1*

208 — Femme debout, riant. Crayon noir.  *5*

209 — Vue en Hollande. A la plume. Aquarelle.  *1*

210 — Paysage. A l'encre de Chine. Beau dessin.  *3 . 50*

211 — Portrait d'Abraham Boom, bourgmestre à  *4*  *Vig*
Amsterdam. Petite gouache très-fine.

212 — Hérodiade apportant la tête de saint Jean.  *1 . 50*
Plume, lavé de bistre.

213 ÉCOLE DE FONTAINEBLEAU. Femmes  *10 . 50*
effrayées d'un homme qui déclame. A la plume
de roseau.

214 ÉCOLE FRANÇAISE. Macedoines; Sujets reli-  *1*  *Vig*
gieux, Baptême de Jésus, et autres. — Apollon
et les Muses, etc. 2 dessins à la plume, lavé de
rouge.

215 — Vue du Pont-Neuf, la Samaritaine, le Palais  *2*
de l'Institut, etc. A la plume.

2 . 50    **216 ÉCOLE FRANÇAISE.** Statue de Louis XlV, couronné par la Renommée au milieu d'une place publique. A la plume, lavé.

Viy   2    **217** — Maladie d'Alexandre d'ap. *Lesueur*, crayon et plume, rond in-4.

1 . 50    **218** — Nymphe et l'Amour pleurant près d'un tombeau. Aquarelle.

Viy   1    **219** — Esquisse pour un portrait de Femme. Pierre d'Italie. Femme sanguine. 3 dessins.

7    **220 ÉCOLE ANGLAISE.** Scène de l'Antiquité. Départ d'un Empereur, sa femme cherche à le retenir. Grand in-fol. à l'encre de chine.

3 .    **221 ÉCOLE ALLEMANDE.** Roi assistant à l'ouverture d'un coffre renfermant des reliques. A la plume. Rond in-4.

2 5    **222** — Vierge couronnée par deux Anges. A la plume.

1 4    **223** — Vierge debout tenant Jésus sur son bras. A l'encre de chine.

5    **224** — Vierge assise tenant Jésus. A la plume.

5 0    **225** — Deux Femmes, dont une tient une épée qui a trois cœurs percés. A la plume, in-4.

2 1    **226** — Dieu soutenant le corps du Christ. A la plume.

3 0    **227** — Martyr attaché au pied d'une Croix. Beau dessin à la plume. Signé N M D.

3 5    **228** — Femme noble tenant un écu blanc, sous un portique rustique, orné d'Enfants et d'Oiseaux. Beau dessin à la plume.

Desch 1    Michel 7.

Gigon 5

Desch 1

Desch 1


Desch 1.

Wittert 10    Gigon **5**    Desch 1.

Gigon 5    Desch 1.

Gigon 10,


Desch 1.

Wittert 10    Disch 1

Dsch. 3.50

Dsch. 3

Dsch. 3.50

Dsch. 4

Dsch. 4.50

Dsch. 4
Dsch. 4.50

Dsch. 4.50

Dsch. 4.50

Dsch. 4
Dsch. 10

Dsch. 4

229 — Christ surmonté du Saint-Esprit et Dieu le Père, à gauche, décoration d'architecture qui devait se répéter pour un autel, neufs personnages sont en adoration. A la plume, petit in-fol.  *24*

230 **Dessins à la Sanguine.** Sujets de Vierge et Sainte Famille. 12 dessins.  *22*

231 — Visitation, Résurrection, Sacré-Cœur, Martyre de Saint-Étienne et autres sujets religieux. 13 dessins.  *11*

232 — Sujets divers, Statues et autres, Têtes, etc. 14 dessins.  *18*

233 — Sujets mythologiques, Paysages, Animaux, etc. 12 dessins.  *6.50*

234 **Dessins au Crayon.** Vierges, Sainte Famille et sujets religieux. 18 dessins.  *23*

235 — Sujets divers, Costumes, etc. 16 dessins.  *5*

236 — Tabagie, Animaux, Têtes, Paysages, etc. 18 dessins.  *9.50*

237 **Dessins à la plume.** Sujets de Vierge, Saintes Familles, Visitation, Assomption, etc. 16 dessins.  *32*

238 — Sujets bibliques, Loth et ses filles, Tobie, Scènes de la Vie du Christ, et autres sujets de Saints. 16 dessins.  *31*

239 — Paysages et Oiseaux. 21 dessins.  *16*

240 — Sujets divers, Costumes, Têtes, Bas-reliefs. Sujets de l'antiquité. 50 dessins, pourra être divisé.  *43*

241 **Dessins à l'encre de Chine.** Naissance de Jésus, Sainte Famille, Sujets de Vierge. 10 dessins.  *10*

242 — Sainte Cécile, Sainte Catherine, Sujets bibliques et de la Vie du Christ. 20 dessins.

243 — Paysages et Animaux. 18 dessins.

244 — Sujets divers, Triomphe de Janus, etc. 16 dessins.

245 **Dessins au bistre.** Vierges adorées par des Saints, Saintes Familles. 15 dessins.

246 — Annonciation, Mariage, Adoration des Mages, Assomption. 12 dessins.

247 — Sujets de l'histoire du Christ, Noce de Cana, Christ, Résurrection, Ascension, Mise au Tombeau, etc. 15 dessins.

248 — Sujets bibliques, Adam et Eve, Job, David, Daniel, le Veau d'Or, Décapitation de Saint-Jean, Hérodiade. 12 dessins.

249 — Saints, Apôtres, Sainte Madeleine montant au Ciel, Martyres, etc. 14 dessins.

250 — Têtes, Figures allégoriques, Paysages. 15 dessins.

251 — Sujets mythologiques, Diane et Actéon, Jugement de Paris, etc. 16 dessins.

252 — Sujets d'histoire ancienne, le Satyre et le Passant, etc. 16 dessins.

Dasch 6.50

Dasch 4.
Dasch 4.50

Dasch 5

Dasch 4

Dasch 4 50

Dasch 4

Dasch 4

Dasch 4

Dasch 6 50

Dasch 4.

Bernard 5   Duvey des 20

Michel 21

Michel 12   A. G.   30

Hany 20   Grojean 3

Hany 10

# ESTAMPES

253 **Fragonard**. La Famille du Satyre. Bas-relief
entouré d'herbes. Belle eau-forte originale.

254 **Houbraken**. Portraits de Célébrités hollan-
daises. Grand in-8. Superbes ép. avant toute
lettre.

255 **Lempereur**. Étienne Jeaurat peintre, d'ap.
*Roslin*. Superbe ép. in-fol.. avant toute lettre.

256 **Rembrandt** par Charles Blanc, Vieille, et
portrait de Raphaël, par Girard. 3 p. in-8.

257 **Savart**. Jean Racine. Très-belle ép. avant dernier état avec adresse : Barierre de Fontarabie.

258 **Swaneveldt** (H.). Animaux à l'eau-forte. 7 piè-
ces. Très-belles ép.

259 **Vernet** (D'ap. H.). Vignettes pour Molière, les
Précieuses ridicules, l'École des maris, l'École
des femmes. 3 p. in-8. Avant la lettre, toute
marge.

260 **Diverses Écoles**, d'ap. Raphaël et autres.
4 p.

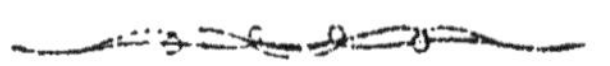

www.ingramcontent.com/pod-product-compliance
Ingram Content Group UK Ltd.
Pitfield, Milton Keynes, MK11 3LW, UK
UKHW022139170726
13837UKWH00004B/1655